La fondation de l'abbaye

Double page précédente
Vue aérienne du site abbatial prise du nord-ouest.

Page de droite
Cluny vue du nord, vers 1670, gravure de Louis Prévost, détail (Paris, Bibliothèque nationale de France).

◆Villa : *ensemble des bâtiments d'une exploitation agricole de l'Empire romain.*

Situé en Bourgogne du Sud, Cluny se niche dans une petite vallée orientée nord-sud, arrosée par un affluent de la Saône, la Grosne. Le pays de Cluny, ou Clunisois, s'étend à 15 kilomètres du grand axe Saône-Rhône. Un vaste bocage le recouvre jusqu'à la naissance des plus hautes collines dont la forêt revêt les formes arrondies. Si les sommets laissent apparaître des affleurements gréseux ou granitiques, les pentes cultivées calcaires procurent aux bâtisseurs des pierres de construction excellentes et très abondantes.

La Bourgogne est un lieu de passage et de rencontres : pendant des millénaires, les personnes et les biens, les idées et les innovations transitent par cette province. De nombreux témoignages de la préhistoire sont encore bien visibles, en particulier des mégalithes. Plusieurs *villae*◆ gallo-romaines sont attestées dans les alentours immédiats de Cluny. Bon nombre des structures administratives de la fin de l'Antiquité ont survécu à l'Empire romain et le pays est demeuré occupé pendant tout le haut Moyen Âge. Autour des *villae*, des habitats se regroupent en hameaux puis en villages.

Le premier témoignage écrit d'une implantation humaine sur le site de la future abbaye date du IXe siècle. C'est donc un lieu organisé et cultivé qui accueille la nouvelle communauté monastique à l'approche de l'an mille. Guillaume, duc d'Aquitaine, dit le Pieux, comte de Mâcon et de Bourges par la grâce de Dieu, propose à Bernon, abbé de Baume-les-Messieurs et de Gigny, de fonder une maison de prière sur l'une de ses terres. Le 11 septembre 910, il signe dans sa ville de Bourges l'acte de fondation. Douze moines s'établissent sur le domaine rural de la *villa* de Cluny. Placés sous la protection des saints Pierre et Paul, ils suivent la règle de saint Benoît. Guillaume renonce à tous ses droits sur la nouvelle fondation : seule l'autorité du Saint-Siège doit y exercer sa suzeraineté. Cette indépendance, renforcée dès 998 par la confirmation de l'exemption◆, met à l'abri l'abbaye des autorités laïques comme de l'évêque de Mâcon, et permet la réussite clunisienne.

Armes de l'abbaye, voûtes de la chapelle de Jean de Bourbon : les clés de saint Pierre et le glaive de saint Paul.

◆Exemption : *disposition émanant du Saint-Siège, à Rome, permettant à un monastère de bénéficier de dérogations particulières.*

L'abbaye de Cluny

Jean-Denis Salvèque, *administrateur de l'abbaye, président du Centre d'études clunisiennes*

Les moines bénédictins de Baume-les-Messieurs et de Gigny, en Franche-Comté, s'implantent à Cluny au Xe siècle. Personne ne peut alors imaginer que ce lieu va devenir, moins de deux cents ans plus tard, une capitale monastique sans équivalent, jouant un rôle spirituel et économique de tout premier plan. Centre du monachisme occidental et bourg témoignant de la renaissance urbaine, Cluny propose l'un des modèles les plus aboutis de la civilisation romane, favorisant paix et humanité. À plusieurs reprises reconstruit et embelli, le site est le témoin de plus de mille ans d'une histoire riche dont les principaux

événements sont à l'échelle du monde occidental. « L'on dit de Cluny qu'elle a la majesté des ruines de la Rome antique » : aujourd'hui, les moines sont absents depuis

plus de deux siècles et la vie ordinaire a repris ses droits. La grandeur du lieu est devenue intemporelle, mais leur message est toujours présent.

2

Cluny 1

Ferveur et modestie

Chapiteau du XIe siècle, cloître roman de Cluny.

Les moines de Cluny peuvent choisir sans contrainte leur abbé. Plusieurs hommes de grande valeur se succèdent : Odon (927-942), grand intellectuel et écrivain, puis Mayeul (963-994), issu de l'aristocratie provençale, établissent les bases solides qui en font un monastère modèle. Grâce au droit de réforme octroyé par le pape Jean XI, en 932, l'abbé de Cluny peut prendre la direction de tout autre monastère désireux de suivre ses préceptes. Le rayonnement spirituel de l'abbaye bourguignonne s'amplifie surtout avec l'avènement de l'abbé Odilon de Mercœur en Auvergne (994-1049). Le réseau, qui réunit plus de 800 abbayes et prieurés, répartis sur toute l'Europe jusqu'en Pologne, constitue une composante majeure de la chrétienté.

L'abbé exerce une influence politique de premier plan auprès des souverains et son rôle d'arbitre s'affirme de plus en plus. Odilon donne adroitement à son abbaye une place importante dans l'organisation du pouvoir féodal. Les seigneurs et les guerriers, encouragés à pratiquer une morale adaptée à la vie laïque, doivent pourvoir l'abbaye en terres et en églises. C'est la chevalerie qui remplit socialement une fonction religieuse. Odilon participe à la mise en place de la « trêve de Dieu », qui condamne la violence du mercredi soir au lundi matin, afin d'obliger les puissants à respecter la vie et les biens de ceux qui ne sont pas habilités à faire la guerre – les paysans, les faibles et les gens d'Église.

L'abbé Odilon de Mercœur, armoire des reliques, bois peint, XVe siècle (Souvigny, église abbatiale).

L'office divin, véritable dialogue permanent avec le ciel, tient une place prépondérante à Cluny. Le culte des défunts est amplifié : tous ceux qui s'associent par leurs dons à la grande famille clunisienne bénéficient de l'oraison perpétuelle des moines pour leur repos éternel. Des lignées de donateurs se constituent progressivement. Afin de bien marquer cette intercession, Odilon instaure vers 1030 la fête des Morts, encore célébrée de nos jours, le 2 novembre. Les vocations, nombreuses, viennent grossir le nombre des profès◆.

◆**Profès :** *individu ayant proféré des vœux religieux.*

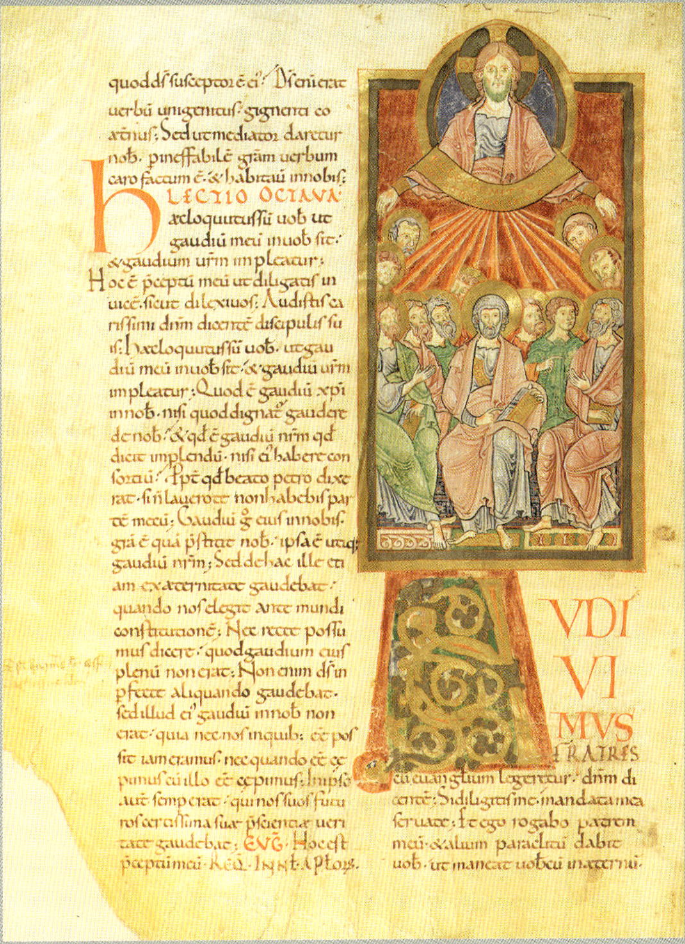

Le culte et les rites

Les Clunisiens s'attachent, plus que d'autres peut-être, à développer le goût des cérémonies grandioses. Les ors, l'encens, les chants font partie de leur quotidien ; les arts, et en tout premier lieu celui de bâtir, sont mis au service de l'office divin. Le culte des saints a rapidement pris une grande importance, notamment celui de saint Pierre et de saint Paul, patrons de l'abbaye, mais aussi de saint Marcel, de saint Jean l'Évangéliste, de saint Martin, de saint Jacques, de sainte Marie-Madeleine et de la Vierge Marie. On vénère aussi les saints abbés de Cluny : Odon, Mayeul, Odilon et, le plus grand de tous, Hugues. Tous ces saints, protecteurs du couvent, sont implorés pour qu'ils intercèdent auprès de Dieu. Le culte des reliques est particulièrement développé et la liste qui les énumère dans les inventaires est impressionnante. Les Clunisiens favorisent les pèlerinages pour les laïcs, dont le plus célèbre est celui de Saint-Jacques-de-Compostelle, sans pour cela en être les véritables promoteurs. Leur attitude au sujet des croisades reste prudente.

En servant Dieu dans l'humilité et la pauvreté, le moine accède plus sûrement à la Jérusalem céleste. Il est avant tout un homme de prière et de méditation et son temps est ponctué de nombreux offices à l'église : nocturnes (ou vigiles) entre 1 heure 30 et 3 heures selon les saisons, matines entre 3 heures 30 et 5 heures, puis, dans la journée, prime, tierce, sexte et none, vêpres et complies.

Lectionnaire dit « de Cluny », enluminure clunisienne : la Pentecôte (Paris, Bibliothèque nationale de France).

Cluny 2

Un monastère modèle

En 981, l'abbaye inaugure un complexe monastique particulièrement abouti. La nouvelle église abbatiale présente un chevet développé autour d'une travée droite qui dessert une grande abside et des chapelles en échelon. Un transept saillant, couronné par un clocher élevé, est précédé d'une nef, d'un porche appelé « Galilée• »et d'un atrium. Le plan de cet édifice sert de modèle à de nombreuses églises contemporaines. Le cloître et les bâtiments conventuels s'étendent au sud de la nef, bénéficiant ainsi d'une exposition favorable.

•Galilée : *porche situé en partie occidentale des édifices religieux.*

La communauté laïque installée aux portes du monastère se développe et participe à l'économie florissante générée par un nombre croissant de visiteurs ; l'abbé s'impose à elle en tant que seigneur et y exerce les droits de justice.

En 1049 prend fin le long abbatiat d'Odilon. Un très jeune abbé est alors nommé, Hugues de Semur, issu d'une famille aristocratique brionnaise. Durant soixante années, il s'emploie à poursuivre et à renforcer l'œuvre de ses prédécesseurs, en accroissant le prestige et la puissance de l'institution. Grand bâtisseur, Hugues de Semur entreprend d'agrandir la plupart des bâtiments conventuels et, à l'âge de soixante-quatre ans, lance la construction d'une nouvelle église abbatiale.

Cluny et les bâtiments du monastère, vers 1043, dessin de Kenneth John Conant (Cluny, musée d'Art et d'Archéologie - musée Ochier).

Le songe de Gunzo

Sous l'abbatiat d'Hugues de Semur, Gunzo, un moine âgé et grabataire, fait un songe : il aperçoit saint Pierre, saint Paul et saint Étienne en train de disposer des bornes délimitant l'emplacement d'un nouveau sanctuaire à Cluny. Ils lui indiquent qu'il doit convaincre son père abbé de la nécessité de construire une nouvelle église abbatiale, celle consacrée en 981 étant devenue trop petite pour le nombre important des moines.

Dès le lendemain, Gunzo, à l'étonnement de tous, se lève et va relater sa vision à l'abbé qui siège au milieu de la communauté dans la salle capitulaire. Il parvient à le décider de lancer un nouveau grand chantier au nord de Cluny 2. L'abbé Hugues aurait eu besoin de cette intervention pour convaincre ses moines, très certainement réticents à l'idée d'abandonner leur sanctuaire auquel ils étaient profondément attachés…

La vision du moine Gunzo : saint Pierre, saint Paul et saint Étienne tracent le plan de la future église abbatiale Cluny 3 ; Gunzo relate sa vision à l'abbé Hugues. Manuscrit n° 135 de Saint-Martin-des-Champs (Paris, Bibliothèque nationale de France).

beatorum apostolorum. Petri et Pauli. Sac-
uit etiam ipse et altare sectum.
misse matutinalis. Lugdunen-
sis autem archiepiscopus hugo. Pisanus
archiepiscopus dabtus: Episcopus signanus
bruno. eodem die in ipso monas-
terio iubente papa tria in tribus
prius cancellis sacrarunt alta-
ria. Tunc papa in tantum sacando mis-
sasque agendo. post alia salutis hor-
tamenta. coram episcopis et cardinalibus
multorumque personis. huiuscemodi
[illegible] habuit ad populum.

rur
pius
mon
adu
regi
tane
deo
rus
Au
me
soci
pri
don

[illegible] cuna [illegible]

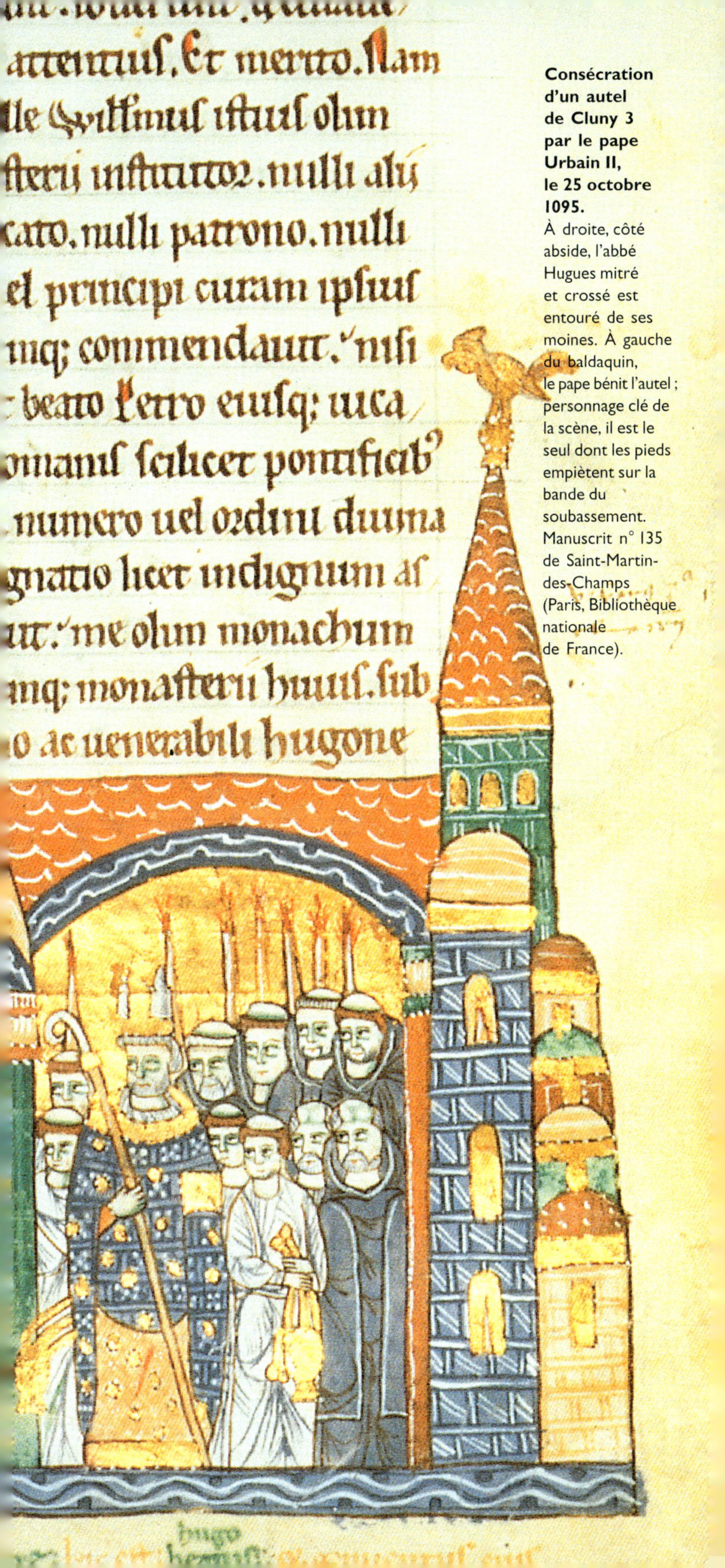

Consécration d'un autel de Cluny 3 par le pape Urbain II, le 25 octobre 1095.
À droite, côté abside, l'abbé Hugues mitré et crossé est entouré de ses moines. À gauche du baldaquin, le pape bénit l'autel ; personnage clé de la scène, il est le seul dont les pieds empiètent sur la bande du soubassement. Manuscrit n° 135 de Saint-Martin-des-Champs (Paris, Bibliothèque nationale de France).

Cluny 3

Le « parvis des anges »

Cette église, appelée aussi *maior ecclesia*, peut à juste titre être considérée comme un chef-d'œuvre de l'art roman classique et comme le fleuron de l'art clunisien. Construit sensiblement en même temps que Saint-Sernin de Toulouse et Saint-Jacques-de-Compostelle, ce vaste édifice – la plus grande église de toute la chrétienté jusqu'à la reconstruction de Saint-Pierre de Rome au XVIe siècle – résulte des efforts accomplis par plusieurs générations de constructeurs romans.

Son plan est une savante combinaison d'un édifice à plan centré très évolué (abside, travée de chœur, petit transept) avec un édifice à plan basilical (plusieurs nefs), reliés par un grand transept. On y retrouve ainsi des influences orientales (Sainte-

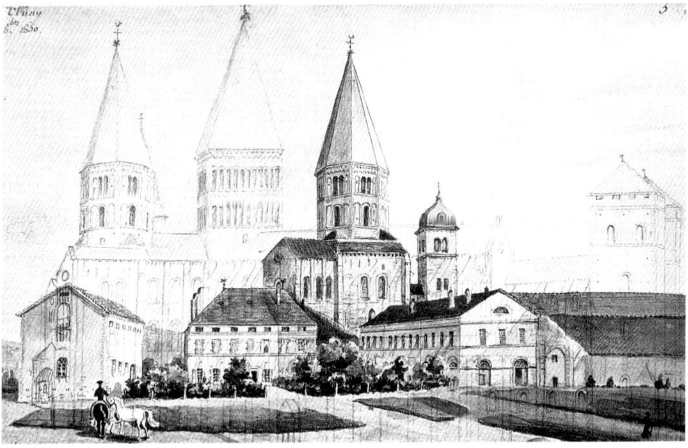

Restitution des volumes de Cluny 3, dessin de Jean-Claude Barat (Nevers, bibliothèque municipale).

Sophie de Constantinople) et occidentales (Saint-Pierre de Rome). Ses volumes, entièrement voûtés, abondamment enrichis de mille deux cents chapiteaux et de peintures murales, sont inondés d'une lumière douce. Admirablement réparti, l'éclairage accentue l'effet d'élancement par la multiplication des fenêtres à la naissance des voûtes (la nef principale culmine à 30 mètres au-dessus du pavage).

La liturgie est une composante majeure de la journée du moine et son développement est tout à fait exceptionnel à Cluny. Le moine clunisien pratiquant la louange divine dans un tel cadre considère son exercice comme une anticipation de la vie future. Le monastère n'était-il pas la « Jérusalem céleste », et la *maior ecclesia*, le « parvis des

Page de gauche
Nef de Cluny 3, image de synthèse TV-AII.

Cluny, vue de l'est, gravure de Masquelier d'après un dessin de Jean-Baptiste Lallemand, XVIIIe siècle (Cluny, musée d'Art et d'Archéologie - musée Ochier).

anges » ? La puissance clunisienne est alors à son apogée : Cluny, désignée comme la seconde Rome, est bien à l'image d'une capitale ; sa renommée attire des visiteurs, humbles et puissants, venus de toutes les provinces.

En s'associant à la réforme décisive entreprise par le pape Grégoire VII (1073-1085) pour rétablir la discipline et l'esprit religieux dans l'Église latine,

Façade occidentale de Cluny 3 : les deux tours Barabans enserrent le portail de l'avant-nef et la grande rosace, dessin de Jean-Baptiste Lallemand, XVIIIe siècle (Cluny, musée d'Art et d'Archéologie - musée Ochier).

Cluny devient un pilier d'un mouvement qui prend le nom de réforme grégorienne : ce rétablissement de la suprématie pontificale sur la nomination des évêques et des abbés clarifie les charges spirituelles et temporelles. La réforme supprime la pratique de certains clercs qui, ayant acheté leur charge, n'hésitent pas à faire payer les actes liés à leur ministère. Le rôle de l'abbé de Cluny auprès du Saint-Siège dans l'affaire des investitures, qui oppose le pape Grégoire VII et l'empereur d'Allemagne Henri IV, est significatif de cette influence : la nomination des évêques, investis de leur mission pastorale directement par l'empereur, est contestée par le pape qui souhaite en reprendre le contrôle afin de rétablir plus de moralité dans l'Église.

Peinture murale romane clunisienne à Berzé-la-Ville, chapelle du doyenné.

La grande famille clunisienne ne cesse de croître. Des abbayes prestigieuses en dépendent. Cinq, parmi les plus importantes, sont appelées « filles de Cluny » : La Charité-sur-Loire, Souvigny, Sauxillanges, Saint-Martin-des-Champs à Paris et Saint-

Denier de Cluny portant les inscriptions « PETRUS ET PAULUS » et « CLUNIACO CENEBIO », XIIe siècle.

Bourg et possessions agricoles

L'abbaye est étroitement liée au bourg monastique, d'une part, et à un ensemble de possessions agricoles – regroupées en granges et doyennés –, d'églises et de chapelles, d'autre part. Visiter Cluny sans aborder ces deux composantes donne une idée fausse de son organisation. Le bourg, qui s'étend au sud et à l'ouest de l'enceinte abbatiale, commande les portes d'honneur de l'abbaye, définissant ainsi leur interdépendance.

Les habitants du bourg fournissent très tôt une partie de la main-d'œuvre nécessaire à l'organisation du monastère et aux activités liées à la construction des bâtiments et à leur maintenance. Bénéficiant de la manne financière générée par les nombreux visiteurs qui se rendent à Cluny, ainsi que par les tributs reçus et prélevés, ils pratiquent vite le commerce de l'argent. Le bourg, où le seigneur abbé exerce son droit de justice, est contrôlé par un prévôt, personnage riche et influent. Une enceinte est édifiée vers le début du XIIe siècle.

Les possessions agricoles dirigées par les moines, dont les plus importantes sont sous la surveillance d'un doyen, apportent les ressources nécessaires à la vie temporelle de la communauté. On y cultive le blé, l'avoine et la vigne ; les poissons, les porcs et les moutons, ainsi que le bois, contribuent à la richesse de l'abbaye dans un rayon de 50 kilomètres. Des redevances en argent sont également collectées sur ces domaines. Les doyens sont directement placés sous l'autorité du grand prieur, le « lieutenant » le plus important de la hiérarchie clunisienne.

Doyenné clunisien de Mazille, chapelles basse et haute, XIIIe siècle.

Abbayes affiliées : La Charité-sur-Loire, première fille de Cluny *(en haut)*, et Moissac *(en bas à droite)*.

En bas à gauche **Doyenné de Jalogny**

Pancras de Lewes en Grande-Bretagne. En tout, plus de onze cents possessions réparties sur dix provinces sur les territoires de France, d'Allemagne, de Suisse, d'Italie, d'Espagne et de Grande-Bretagne, dont les fameuses abbayes de Mozac, Moissac, Charlieu et Romainmôtier. À cela s'ajoutent d'importants doyennés• : Mazille, Jalogny, Bézornay, Berzé-la-Ville.

À la mort d'Hugues, en 1109, le grand chantier de construction de l'église abbatiale est en voie d'achèvement, grâce à des dons très importants, en particulier les libéralités extraordinaires du roi d'Espagne Alphonse VI de Castille.

•**Doyenné :** *domaine agricole permettant d'approvisionner une abbaye.*

L'organisation de l'ordre clunisien

Vie quotidienne des moines clunisiens, miniature extraite du *Miroir historial* de Vincent de Beauvais, XVe siècle (Chantilly, musée Condé).

Le bref abbatiat de Pons de Melgueil laisse l'abbaye dans le désordre. Les moines élisent en 1122 Pierre de Montboissier, dit le Vénérable. Cet homme éminent et charitable préside jusqu'en 1156 aux destinées de Cluny. C'est à lui que revient la charge, aux côtés du pape Innocent II, en 1130, de dédicacer Cluny.

Entre-temps apparaissent des idées nouvelles, qui donnent naissance à un mouvement monastique prônant l'austérité et le renoncement au monde, fondé par saint Bernard : l'ordre cistercien. Il faut toute la modération et la sagesse de l'abbé de Cluny pour apaiser les querelles entre les moines des deux observances. Le débat entre Clunisiens et Cisterciens se réduit le plus souvent à des disputes scolastiques où leurs divergences de vue relatives à la vie monastique n'entrent guère en considération.

Les efforts de Pierre le Vénérable ne permettent pas de retrouver le dynamisme et l'enthousiasme des siècles précédents. Neuf abbés se succèdent de 1157 à 1209. Mais ce n'est qu'au XIIIe siècle, début de la période gothique, que la famille clunisienne se structure en un ordre monastique puissant au sein de l'Église romaine. Placé sous

Page de droite
Dévotion du moine clunisien à la Vierge Marie, manuscrit n° 135 de Saint-Martin-des-Champs (Paris, Bibliothèque nationale de France).

♦Visiteur : *religieux chargé de contrôler l'application de la règle en vigueur dans les monastères.*

Pierre le Vénérable

La personnalité de Pierre de Montboissier (vers 1094-1156), dit Pierre le Vénérable, est bien connue grâce à l'abondante correspondance qu'il nous a laissée. Sage et lucide, il est attentif à comprendre les problèmes de son temps dans un esprit de justice. Il conseille le roi de France, entretient des relations excellentes avec l'abbé Suger de Saint-Denis, plus difficiles avec saint Bernard auquel il s'oppose sur la question de la richesse des édifices religieux. À Cluny, il cherche à rendre au monachisme une austérité que le succès et l'accumulation de richesses avaient fait oublier. Son abbatiat marque la fin de l'expansion clunisienne.
Il prend la défense d'Abélard, grand maître des Écoles de Paris et meilleur esprit de son temps, lorsqu'il est attaqué par saint Bernard : condamné en 1140 par un synode réuni à Sens, Abélard trouve refuge à Cluny et finit ses jours dans l'abbaye clunisienne de Saint-Marcel-lès-Chalon.
Pierre le Vénérable cherche à acquérir et à communiquer les connaissances scientifiques des Arabes. Il fait traduire le Coran en latin afin de mieux combattre les impies, non sur le terrain militaire, mais sur le terrain intellectuel.

Page du Coran, manuscrit illustré, Algérie (détail).

la direction de l'abbé, un chapitre général contrôle l'ordre et dépêche des visiteurs◆ de monastère en monastère.
Pour Cluny, l'époque, toutefois, n'est plus à l'expansion. Et, malgré les événements qui secouent le monde occidental – la guerre de Cent Ans, le grand schisme d'Occident (de 1378 à 1417, deux papes règnent, l'un à Rome, l'autre à Avignon) –, l'abbaye jouit jusqu'à la fin du XIVe siècle de conditions matérielles satisfaisantes ; de nombreux chantiers y sont entrepris : le palais dit « du pape Gélase », le farinier et le cellier ainsi que le bâtiment dit « de la Malgouverne ».
Le XVe siècle voit la nomination, en 1456, d'un

Clunisiens et Cisterciens

Les deux ordres procèdent de la règle de saint Benoît de Nursie, écrite vers 540, amendée par saint Benoît d'Aniane en 817. La différence réside dans leur façon d'observer la règle et dans le rapport entretenu par chacun avec le monde extérieur.
Les monastères des deux ordres sont construits sur le même modèle : une église flanquée d'un cloître sur lequel s'ouvre un certain nombre de salles (réfectoire, salle capitulaire, bibliothèque et dortoir à l'étage). Mais les églises cisterciennes, à l'architecture dépouillée, ne comportent généralement pas de clocher. Alors que les monastères cisterciens, conçus sur le modèle de l'abbaye de Cîteaux, s'implantent dans un « désert », loin de toute vie humaine, sur des terres difficiles à mettre en valeur, Cluny tolère et encourage l'établissement de communautés laïques à ses côtés, celles-ci fournissant en grande partie la main-d'œuvre nécessaire à l'édification des bâtiments et au fonctionnement de l'abbaye.
Les deux ordres ne se sont pas constitués de la même manière. Le rayonnement de Cluny a suscité de nombreuses affiliations – on peut mentionner, entre autres, le rattachement de l'importante abbaye de Moissac, en 1067, avec ses multiples dépendances. Cîteaux, quant à elle, met en place très tôt une véritable politique de fondation, favorisant l'établissement de « filiales » fort semblables au modèle élaboré dans l'abbaye mère.

Abbayes cisterciennes du Thoronet *(en haut)* et **de Silvacane** *(en bas).*

abbé remarquable, Jean de Bourbon : évêque du Puy-en-Velay, il s'attache, en excellent administrateur, à restaurer la discipline à l'intérieur de l'ordre, conformément au mouvement général de réforme, et, en homme cultivé, à encourager les arts ; ainsi lui doit-on, à Cluny même, le palais qui porte son nom, à proximité des portes d'honneur, et la chapelle funéraire édifiée contre le mur sud du petit transept de la grande église. Son successeur en 1485, Jacques II d'Amboise, fait ajouter au premier palais un édifice portant son nom, destiné à héberger les hôtes de marque.

Palais dit « du pape Gélase », avec ses claires-voies gothiques.

Hôtel des abbés de Cluny à Paris, XVIe siècle, actuel musée national du Moyen Âge.

Commende et guerres de Religion

Après ces deux abbatiats, qui inaugurent le régime de la commende◆, confirmant la mainmise du roi de France sur l'abbaye et sur l'ordre, les Clunisiens n'ont plus les moyens de sauvegarder leur indépendance : fort du droit accordé par le concordat de Bologne (1516) au souverain de nommer évêques et abbés, François Ier mène à bien plusieurs tentatives de protection et d'assujettissement des ordres monastiques.

Cartouche de Claude de Guise, abbé de Cluny, 1585, pignon sud du palais de Jacques d'Amboise.

Dans les premières années du XVIe siècle, la chute progressive de Cluny est précipitée par la nomination à la tête du monastère de personnages qui, le plus souvent, n'ont jamais fait profession monastique. Ils ne viennent que rarement à Cluny, préférant siéger auprès du pouvoir royal. La construction d'une résidence parisienne prestigieuse, aux abords immédiats des anciens Thermes de Lutèce, en est le signe évident. La puissante famille de Guise ne dédaigne pas la charge d'abbé de Cluny qui lui confère des revenus substantiels. La Réforme trouble les esprits et les guerres de Religion ruinent de nombreux monastères. L'abbaye de Cluny, pillée par les huguenots en 1563, puis en 1575, ne s'en relèvera jamais véritablement.

◆**Commende :** *régime permettant de placer une abbaye sous la protection d'un prélat qui en perçoit les revenus.*

L'époque classique

Réforme et renaissance

De 1510 à 1790, Cluny ne connaît que seize abbés. Les nominations les plus prestigieuses sont celles d'Armand Jean du Plessis, cardinal de Richelieu, abbé de 1629 à 1642, Armand de Bourbon, prince de Conti et fils du prince de Condé, de 1642 à 1654, de Jules, cardinal de Mazarin, à partir de

Armand Jean du Plessis, cardinal de Richelieu, abbé de 1629 à 1642 *(à gauche)*, Philippe de Champaigne, huile sur toile, 1636 (Chantilly, musée Condé).

1655, et enfin d'Emmanuel Théodose de la Tour d'Auvergne, cardinal de Bouillon, à partir de 1683, dont l'exil en ses abbayes de Cluny et Tournus resta fameux après ses intrigues à Rome et sa condamnation par Louis XIV.

Jules, cardinal de Mazarin, abbé de 1655 à 1661 *(à droite)*, Pierre Mignard, huile sur toile, 1658-1660 (Chantilly, musée Condé).

Ces abbés de haut rang n'évitent pas pour autant la chute lente de l'ordre. Les œuvres architecturales du XVIIe siècle, bien que d'excellente facture, sont peu nombreuses. Richelieu laisse une porte monumentale, aujourd'hui démontée, qui orne l'entrée des bâtiments conventuels sur la façade dite « du pape Gélase » ; au cardinal de Bouillon sont dues quelques splendides sculptures issues du monument funéraire qu'il souhaite établir, en l'honneur de sa famille, dans la partie nord du petit transept de la grande église, et qui est interdit par Louis XIV en personne, irrité par la splendeur du projet. Richelieu introduit dans son monastère bourguignon la réforme dite « de saint-Maur ». Ce retour

Emmanuel Théodose de la Tour d'Auvergne, cardinal de Bouillon, abbé de 1683 à 1710, huile sur toile anonyme (Cluny, hôtel-Dieu).

à une plus grande rigueur de la vie dans le cloître, officialisée par le pape Grégoire XV en 1621, est appelée également « étroite observance », en opposition à l'« ancienne observance ». Cette réforme, qui vise à regrouper les divers ordres monastiques pour permettre au gouvernement royal de mieux

Dominique de La Rochefoucauld, dernier abbé de Cluny, de 1757 à 1790, école française du XVIIIe siècle, huile sur toile (Cluny, musée d'Art et d'Archéologie - musée Ochier).

les contrôler, ne reçoit pas l'adhésion de la totalité de la communauté qui reste divisée et cohabite dans les diverses maisons de l'ordre.

En 1747, Frédéric-Jérôme de La Rochefoucauld, favori de Louis XV, reçoit la dignité abbatiale. Le grand prieur♦, dom Dathose, fait démolir la plupart des bâtiments conventuels hérités du Moyen Âge, fort grands et quelque peu vétustes, pour les reconstruire dans l'esprit de l'abbaye de Saint-Maur. Un nouveau cloître est édifié, vaste et un peu sévère, entouré de nombreuses galeries desservant réfectoire, chapelles et cellules de moines, derrière une façade harmonieuse formant à l'est une composition grandiose avec le chevet de la grande église. La Rochefoucauld meurt en 1757.
Son neveu Dominique lui succède. La réforme de l'« étroite observance » triomphe définitivement en 1788. C'est vraisemblablement à la suite de cette mutation qu'est conçu un important programme de construction et d'embellissement, à l'ouest du cloître. La Révolution de 1789 met fin à la congrégation religieuse et à ses projets.

*♦**Grand prieur :** délégué permanent de l'abbé, le plus important de ses lieutenants.*

La grande nef de Cluny 3, aquarelle de T. Bannister et R. Roz, d'après les travaux de Kenneth John Conant.

Le gigantisme clunisien

Dès le milieu du XIe siècle, toutes les réalisations sont marquées par le gigantisme. Le rôle que joue Cluny à l'échelle de la chrétienté a très certainement orienté les actions des Clunisiens vers des limites inhabituelles. L'hôtellerie de l'abbé Hugues (53 mètres sur 15), construite vers les années 1095, et, à plus forte raison, la grande église (187 mètres de longueur pour un transept de 77 mètres) présentent des dimensions inaccoutumées pour le Moyen Âge. Les programmes, très ambitieux, sont exécutés en totalité, rapidement et sans restrictions apparentes.
Il nous est difficile d'imaginer des cérémonies comme la dédicace des cinq autels du chœur de la grande église par le pape Urbain II, le 25 octobre 1095, ou la consécration définitive du pape Innocent II, entouré de 1 000 moines, trente-cinq ans plus tard jour pour jour.

Ce goût du colossal, qui répond par ailleurs à de réels besoins, accompagne les réalisations et les actions de l'abbaye jusqu'au départ définitif des moines en 1791. La même ampleur caractérise la grande infirmerie de Pierre le Vénérable (64 mètres sur 22, pour une hauteur de 25 mètres sous la voûte lambrissée), sans conteste le plus grand bâtiment civil jamais construit au Moyen Âge, ainsi que le monastère classique entrepris vers 1750 : autour d'un nouveau cloître, les galeries nord et est se prolongent dans des perspectives exceptionnelles, rivalisant avec les 187 mètres de longueur du sanctuaire.

Pages suivantes
Chapelle Saint-Martial et petit collatéral en cours de démolition, dessin de Balthazar Hubert de Saint-Didier, début du XIXe siècle (collection particulière).

La Révolution

L'abside en cours de destruction, vers 1810-1820, lithographie de Lefèvre (Paris, Bibliothèque nationale de France).

La suppression des communautés religieuses est prononcée par décret de la Constituante le 13 février 1790, mais ce n'est qu'en 1791 que les quarante derniers moines sont expulsés et leurs biens confisqués. Assez peu d'anciens clunisiens sont persécutés : dix cependant sont déportés à l'île de Ré, dont le grand prieur Jean-Baptiste Rollet. L'abbé Dominique de La Rochefoucauld, qui affiche à l'Assemblée constituante, dont il est membre, des positions opposées au vote de la Constitution civile du clergé, émigre en Allemagne, où il meurt en 1800.

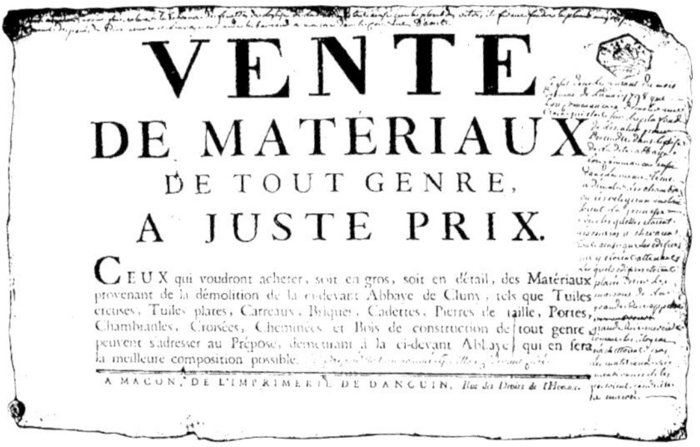

VENTE
DE MATÉRIAUX
DE TOUT GENRE,
A JUSTE PRIX.

CEUX qui voudront acheter, soit en gros, soit en détail, des Matériaux provenant de la démolition de la ci-devant Abbaye de Cluny, tels que Tuiles creuses, Tuiles plates, Carreaux, Briques, Cadettes, Pierres de taille, Portes, Chambranles, Croisées, Cheminées et Bois de construction de tout genre, peuvent s'adresser au Préposé, demeurant à la ci-devant Abbaye qui en fera la meilleure composition possible.

A MACON, DE L'IMPRIMERIE DE DANGUIN, Rue des Droits de l'Homme.

Affiche de vente, 1804.

Le mobilier de l'église ainsi que tous les tombeaux et mausolées sont détruits, endommagés ou brûlés par les révolutionnaires. La vente proprement dite des bâtiments, divisés en quatre lots, est prononcée par l'État, propriétaire depuis 1790, le 2 floréal, an VI (21 avril 1798), et l'ensemble acheté, pour un prix modique, par trois associés mâconnais, Bâtonnard, Vacher et Genillon.
L'avenir de l'ensemble monastique devient alors très incertain. Pour combler la perte des revenus monastiques, des aménagements sont entrepris, visant à intégrer le site à la ville. Le marché s'installe dans le cloître classique, transformé en place de ville. Sa galerie ouest devient une rue couverte desservant un nouvel axe urbain, dont le tracé provoque des démo-

L'abside en ruine, vers 1815-1819, dessin anonyme (collection comte de Rambuteau).

litions importantes qui aboutissent à l'anéantissement quasiment complet de l'église abbatiale. Celle-ci est coupée en deux parties au droit de la cinquième et de la sixième travées de la nef. Son démantèlement, ainsi que celui d'autres parties importantes, se poursuit jusqu'en 1823 afin que soit aménagé, entre autres, le Haras national.
En 1866 seulement, l'État, après avoir remembré l'ensemble des bâtiments conventuels subsistants, y installe une école normale spécialisée, transformée en école de contremaîtres en 1891, puis en école des arts et métiers en 1901.

Fouilles et grands travaux

Le dépeçage de l'abbaye, mais aussi et surtout les travaux d'urbanisme menés sur les restes des bâtiments monastiques, ont considérablement altéré la lecture des vestiges archéologiques. Au début du XXe siècle, la notion même d'abbaye est totalement effacée des mémoires locales, au dire des Clunisois qui connurent cette période.

En 1928, une première campagne de fouilles importante, financée par la Medieval Academy of America, dépêche à Cluny un jeune et brillant archéologue, Kenneth John Conant. Cette mission, qui se poursuit presque régulièrement jusqu'en 1950, a pour but essentiel de retrouver sur le site le plan du gigantesque édifice en mettant au jour les bases des murs et des piliers conservées dans le remblai. Ces découvertes et l'étude des documents permettent de proposer une reconstitution graphique de l'architecture de l'église abbatiale et de connaître l'histoire de sa construction.

Kenneth John Conant pendant les fouilles.

Le bombardement allemand du 11 août 1944 incite les autorités à envisager des travaux de reconstruction dans les secteurs de l'avant-nef et de la tour des Fromages, en prenant en compte le dégagement des vestiges monumentaux. Mais il faut attendre les années 1980 pour que de nouvelles opérations de mise en valeur du site soient prévues et exécutées : des travaux de restauration et de mise hors d'eau des bâtiments, tout d'abord, puis, à partir de 1985, un nouveau circuit de visite, qui couvre les terrains annexés par la ville, les cours abbatiales, l'avant-nef et des espaces plus ou moins ignorés et inutilisés de la clôture.

En 1988 débute un important chantier de dégagement de l'ancienne avant-nef, suivi par l'aménagement et la restauration du passage Galilée et de la cour de la Congrégation. Des fouilles archéologiques

Restauration de la toiture du clocher dit « de l'Eau bénite » en 1980.

sont systématiquement engagées en accompagnement des travaux, sous le contrôle du service régional de l'Archéologie de la direction régionale des Affaires culturelles à Dijon (1991, passage Galilée ; 1992, cour de la Congrégation ; 1993, bras sud du grand transept). De nombreuses découvertes fortuites (fragments du chancel, frise du tombeau de l'abbé Hugues) permettent alors d'éclairer d'un jour nouveau les connaissances déjà acquises sur le mobilier de Cluny 3.

Les recherches sont menées au-delà de la clôture abbatiale, afin d'étudier le patrimoine civil de la ville de Cluny et celui des anciennes possessions clunisiennes. Par ailleurs, le musée Ochier – devenu le musée d'Art et d'Archéologie de Cluny – est modernisé en 1992. Historiens, historiens de l'art et archéologues mettent en commun les résultats de leurs spécialités respectives, confrontant leurs points de vue. Beaucoup reste cependant encore à faire pour la mise en valeur du site et, en premier lieu, de le faire reconnaître comme patrimoine de l'humanité.

Fouilles de l’avant-nef à la hauteur de la façade de Cluny 3, menées par le service régional de l’Archéologie, 1989.

L'urbanisme

La capitale romane, image de la Rome antique

Cluny 3 : portail roman et son attique, aquarelle d'après les travaux de Kenneth John Conant (Cluny, musée d'Art et d'Archéologie - musée Ochier).

C'est à partir du XIIe siècle que se dégage, sous l'impulsion du grand chantier de Cluny 3, une tendance très marquée vers un retour aux formes de l'Antiquité romaine. L'organisation des espaces de la ville et de l'abbaye se structure autour de plusieurs axes dont les deux principaux se croisent perpendiculairement : celui de la grande église et celui de la rue la plus prestigieuse de la ville, devenue la rue de la République. L'architecture accompagne et magnifie cet urbanisme : au croisement de ces deux axes se dresse la

Maison romane, 25, rue de la République, façade sur rue.

porterie de l'abbaye avec les portes d'honneur. Faisant face à la ville, elle est conçue comme une véritable porte romaine à deux arcades sommées d'un attique. L'entrée franchie, la façade de l'église abbatiale romane s'impose en contrebas. Là se dégage en saillie la majestueuse composition du portail, image presque parfaite d'un arc de triomphe. Le visiteur, après avoir été accompagné par les vues perspectives des façades des maisons de la ville, chemine donc sous les architectures de portes monumentales successives avant de pénétrer dans le puissant vaisseau des nefs du sanctuaire.

Vue générale de l'eglise et des portes de l'abbaye, lithographie d'Émile Sagot, 1838 (collection particulière).

Les transformations gothiques, images de la féodalité

Les compositions gothiques, qui privilégient les vues de biais, les élévations et les masses des tours, s'imposent rapidement à Cluny. Ainsi, au-devant de la façade romane, une avant-nef est édifiée, percée d'une rose et précédée de deux énormes tours crénelées, les Barabans. Les autres tours de l'enceinte ont été soit surélevées et munies de créneaux et merlons◆, comme la tour des Fromages, soit construites avec hourds◆ et meurtrières. Des remparts crénelés, surélevés à plusieurs reprises, entourent l'ensemble. Des pontets enjambent certaines rues, cassant les perspectives urbaines.

La tour Fabry, aquarelle de A. Verdier, XIXe siècle (Paris, Bibliothèque du Patrimoine).

Embellissements et grandes perspectives

L'époque classique, avec la reconstruction des bâtiments conventuels, engage un nouveau processus qui magnifie les perspectives intérieures des nefs et des transepts de l'église en les complétant par celles du cloître et des galeries. À cet effet, les galeries nord et est du cloître sont considérablement prolongées, atteignant des longueurs avoisinant les 125 mètres. À l'ouest de ces bâtiments, un projet élaboré juste avant 1789, et seulement esquissé sur le terrain, complète ce dispositif en l'ouvrant sur la ville. Les rues, redressées par un projet d'alignement, perdent leur allure médiévale en abandonnant les grandes avancées des toitures au bénéfice de corniches.

◆Merlon : *partie pleine entre deux créneaux.*

◆Hourd : *coursière en bois formant surplomb en couronnement d'une courtine ou d'une tour.*

Les moines et l'architecte lors de la construction des bâtiments conventuels vers 1750, antiphonaire de Cluny, (Cluny, musée d'Art et d'Archéologie - musée Ochier).

◆***Forum*** **:** *place publique de la ville romaine.*

◆***Cardo et decumanus*** **:** *principales voies romaines, orientées respectivement nord-sud et est-ouest, se croisant à la hauteur du forum.*

L'aménagement dont les effets sont encore les plus marquants aujourd'hui est imaginé par les édiles et les partenaires économiques qui succèdent aux moines, à partir de 1798. Un nouvel axe est créé perpendiculairement à la grande rue de Cluny qui serpente au sud de l'enceinte abbatiale. Le cloître, ainsi desservi, devient, à l'instar de l'urbanisme romain, un véritable *forum*◆. Les découvertes archéologiques de Pompéi, au milieu du XVIIIe siècle, ont peut-être inspiré les urbanistes qui appliquent, en perçant ce nouvel axe, le schéma antique du *cardo*◆ et du *decumanus*◆.

La grande traverse de Cluny. Les façades de l'époque classique sont couronnées de corniches.

Visite

Portes d'honneur,
XIIe siècle.

Portes d'honneur[1]

Desservie par une petite place carrée à partir de la rue de la République (ancienne rue de l'Abbaye), cette double porte du XIIe siècle composait la façade occidentale d'une porterie romane. Les deux passages voûtés qui la traversaient donnaient, au nord, accès aux palais abbatiaux et à leur jardin et, au sud, à la grande église abbatiale. Leur composition architecturale est inspirée des grandes portes des cités romaines, dont deux sont visibles à Autun. Malgré leur mutilation, elles conservent – et cela est unique pour le Moyen Âge – un double accès. Deux grandes arcades en plein cintre, cantonnées de pilastres cannelés, étaient probablement surmontées d'un étage attique (un dessin romantique nous en propose une restitution, voir p. 34). Les détails de la composition et la facture de la sculpture dénotent un très grand raffinement. Les chapiteaux corinthiens, issus de l'ordre composite romain, sont sous-tendus par des colonnes à cannelures torses et droites, inversées d'une baie à l'autre. La porterie romane a été surélevée au XVIe siècle par un pavillon (dit « pavillon de Guise ») abondamment percé de fenêtres à meneaux et traverses, couvert d'une vaste toiture à quatre pentes très aiguës. Les démolitions de 1797 n'ont épargné que les deux portes. Des documents photographiques réalisés vers 1880 montrent encore les vantaux en bois de l'une d'elles ainsi que le sol de la place avant son décaissement.

Enceinte fortifiée

La porterie romane, sans être pour autant construite en saillie, marquait un point fort dans la clôture abbatiale. Édifiée en pierre, vraisemblablement à la fin du XIe siècle, cette enceinte ponctuée de plusieurs tours délimitait un enclos de quelque 15 hectares et avait peut-être remplacé une palissade en bois. Formée d'un mur de pierres de bonne assise, muni de créneaux et de merlons, elle a subi plusieurs campagnes de surélévation. Côté ville, elle atteignait 15 mètres, ce qui n'a pas empêché les habitants du bourg d'y adosser des maisons dès l'époque romane, notamment aux abords de la porterie.

La tour ronde[20] s'impose de très loin au visiteur, qu'il vienne de Mâcon ou de Buxy. Campée au nord-est de l'enceinte, elle domine de ses 30 mètres les prés environnants. De plan circulaire, elle s'élève sans accident jusqu'à sa toiture à faible pente. Plusieurs pièces superposées, dont les deux premières en partie basse sont

voûtées, sont desservies par un escalier à vis contenu dans un volume accolé au corps cylindrique principal.
On accède au dernier niveau de la tour, autrefois défendu par un hourd en bois permanent, par une volée d'escalier aménagée dans l'épaisseur de la muraille.
Les détails architecturaux, ainsi que la cheminée qui équipe le deuxième niveau, invitent à dater la tour du milieu du XIIIe siècle.

La tour Fabry[21] porte le nom de l'abbé Hugues de Fabry (abbé en 1350-1351). Édifiée sur le flanc nord de l'enceinte, elle défendait la porte des Prés, construite à proximité, plus à l'est, aujourd'hui détruite. De plan également circulaire, elle remonte au XIVe siècle, et fut équipée au XVe siècle de mâchicoulis et d'une toiture en poivrière aiguë. Sa silhouette élégante, proche des archétypes des tours de « châteaux forts », fait quelque peu oublier ses dimensions imposantes.

La tour des Fromages[18]**,** appelée autrefois tour des Fèves, est le plus ancien bâtiment conservé en élévation de toute l'abbaye. Sa partie inférieure, de plan carré, un peu enterrée, remonte au début du XIe siècle.
Ses maçonneries romanes n'excèdent pas quelques assises de pierres au-dessus des deux petites baies en plein cintre qui marquent chaque mur à mi-hauteur. La surélévation du XIIIe siècle et son crénelage lui donnaient une allure altière, avant que le siècle des Lumières ne la coiffe d'une toiture pyramidale. Depuis la grande traverse de la ville, on aperçoit parfaitement sa silhouette qui cantonne le côté sud de l'enceinte.
Il est probable que la tour fut surélevée dans le même temps qu'était édifié, contre sa face sud, le bâtiment dit « de la Malgouverne », aujourd'hui presque ruiné.

La tour du Moulin[22] marque au sud-est un changement d'orientation de l'enceinte. Très massive, elle est de plan rectangulaire et semble avoir été toujours protégée par une toiture.
Elle est équipée de meurtrières sur les trois faces qui regardent la cité, alors que sa face intérieure, aux maçonneries moins épaisses, est munie de fenêtres à meneaux.
Son dispositif de défense le plus puissant était sans aucun doute un hourd de bois amovible, qui ne devait être installé qu'en cas de danger.
Un escalier à vis permet d'accéder à tous les étages de la tour qui dispose de deux latrines en encorbellement sur le bief◆. Le moulin qui lui donna son nom était abrité dans la salle basse, traversée par un bras du bief dit « des Quatre Moulins ». L'association d'un bâtiment à caractère de défense avec une activité vivrière marque l'importance que cette dernière revêtait pour les gens du Moyen Âge.

La tour Fabry, édifiée sur la face nord de l'enceinte.

Page de gauche
La tour ronde, milieu du XIIIe siècle.

◆Bief : *bras de rivière artificiel créé pour alimenter en énergie, grâce à une dénivellation, une roue ou une turbine.*

Palais de Jean de Bourbon (façade sud) et parvis de Cluny 3.

Palais de Jean de Bourbon [2]

Avant le XVe siècle, les abbés occupaient un bâtiment roman construit devant l'atrium de Cluny 2, agrandi à l'époque gothique, que l'on nomme le palais du pape Gélase. L'abbé Jean de Bourbon préféra faire édifier un bâtiment résidentiel indépendant, immédiatement accessible par les portes d'honneur, sur un terrain qu'il acquit des moines. Ce complexe monumental comportait tout ce qui était indispensable à la vie d'un riche prélat : salle des gardes, salle d'apparat, appartement particulier, cuisines, cloître et chapelle. Les vastes salles en enfilade, équipées de somptueuses cheminées, étaient desservies par des escaliers à vis contenus dans des tourelles en saillie. Seuls les grandes baies à meneaux et traverses du premier étage de la façade, ainsi que le gâble◆ qui surmontait l'une d'entre elles, indiquaient le rang de l'occupant, en l'absence de la porte monumentale caractérisant les programmes architecturaux civils d'avant le XVIIe siècle.
Il est probable que le grand comble couvert de tuiles plates était orné de tuiles vernissées polychromes, fréquentes en Bourgogne à la fin de l'époque gothique.

◆***Gâble :*** *couronnement pyramidal coiffant l'arc de couvrement d'une baie.*

Palais de Jacques d'Amboise (la façade sur le jardin) et ses pavillons décorés de plaques d'albâtre.

Palais de Jacques d'Amboise [17]

Sans doute construit par l'abbé du même nom, il tourne le dos à l'entrée de l'abbaye et s'oriente à l'est. Un vaste jardin accompagne sa façade raffinée ; construit à très grands frais, il est établi sur un imposant mur de soutènement permettant de rattraper la pente naturelle de la colline. Un corps de logis central, couvert à l'origine par un toit à quatre pans, est cantonné de deux élégants pavillons ornés d'albâtre. Ceux-ci, installés comme le corps central sur un soubassement aux parements inclinés, sont ornés au premier niveau par des remplages◆ gothiques et au second niveau par des motifs raffinés, inspirés de la Renaissance italienne. Ce palais semble avoir abrité quatre appartements pour des hôtes importants, desservis depuis l'arrière par un très large escalier à vis.

◆***Remplages :*** *ensemble des parties fixes, dans le même matériau que l'embrasure, rapportées dans celle-ci pour diviser ou réduire une baie.*

Le site de Cluny 3 ; au premier plan, les vestiges des Barabans et de l'avant-nef.

Le musée d'Art et d'Archéologie (musée Ochier)

Le musée fut installé en 1864 dans le palais de Jean de Bourbon à la suite de la donation que la veuve de Jean-Baptiste Ochier fit à la ville de Cluny.

Ses collections lapidaires, constituées à partir des grands chapiteaux du chœur de Cluny 3 et des plus beaux ensembles de sculptures provenant des maisons médiévales de la ville, se sont considérablement enrichies lors des fouilles de Kenneth John Conant et grâce aux études récentes réalisées sur le site.

On y découvre de très intéressants fragments du mobilier liturgique roman de l'abbaye, en particulier de la clôture du chœur de Cluny 3, de ses autels et de ses tombeaux.

Le monument funéraire de l'abbé Hugues, qui était situé contre l'autel matutinal, est bien connu depuis les dernières découvertes qui ont permis de rassembler plusieurs parties de son entablement. L'ensemble est très homogène : pilastres cannelés, corniches à palmettes et acanthes, roses d'écoinçon, perles, oves et denticules se retrouvent dans l'organisation de chaque décor, avec la même exécution soignée.

Le musée conserve également des éléments des pavages anciens où se mêlent, dans de savantes compositions, des mosaïques et des navettes (ou pelta) de marbre.

Les stalles et leurs dosserets sculptés mis en place dans le chœur de l'abbatiale au XVIIIe siècle ont hélas quitté Cluny pour aménager vers 1800 le chœur de la cathédrale Saint-Jean de Lyon, mais on peut encore admirer dans le musée un chandelier pascal gigantesque et un grand tabernacle.

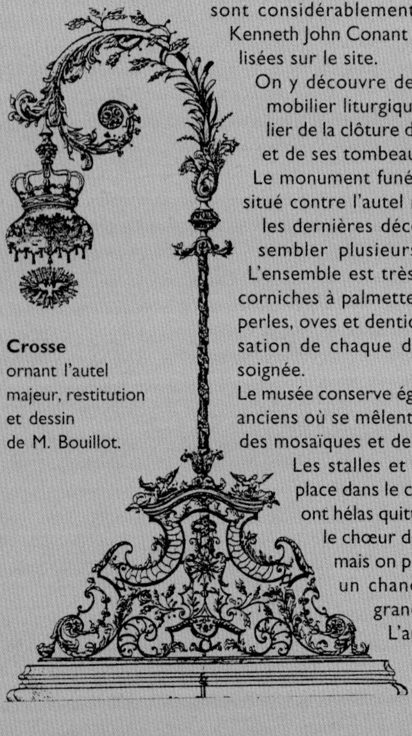

Crosse ornant l'autel majeur, restitution et dessin de M. Bouillot.

L'autel majeur était orné d'un chef-d'œuvre du frère Placide : un cadre terminé par une corniche

Page de gauche
Tombeau de l'abbé Hugues, aquarelle d'Alexandre Lenoir (Paris, musée du Louvre, département des Arts graphiques).

Tapis de chœur aux armes de l'abbaye vers 1750? (Cluny, musée d'Art et d'Archéologie - musée Ochier).

Une table d'autel et un pavage de Cluny 3 (détails), époque romane.

soutenant une élégante crosse « où l'art paraît avoir épuisé la délicatesse et réunir tout ce que le bon goût a de plus riche en ornements nouveaux, rocailles et trait de fantaisie » (B. Dumolin). Haute de près de 4 mètres, elle dissimulait un mécanisme permettant de faire monter et descendre une colombe d'argent contenant l'hostie consacrée. Plusieurs fragments de la crosse, détruite en 1793, furent réutilisés dans le tabernacle composé vers 1802.

Tombeau de l'abbé Hugues, entablement, restitution et dessin de J.-D. Salvèque.

Avant-nef de Cluny 3, aménagement actuel.

Parvis et avant-nef[3-4-5]

Peu après la dédicace de 1130, un nouveau programme fut lancé devant la façade romane de Cluny 3. Ce chantier, contrairement au précédent qui s'étala seulement sur une quarantaine d'années, couvrit une longue période dont les limites sont imprécises. Les plans incluaient la construction d'une avant-nef de cinq travées sur trois nefs, deux tours hors œuvre cantonnant une façade étroite et un grand emmarchement.
Ce nouveau projet avait contraint les constructeurs à adapter cette extension aux premières courbes de niveau de la colline qui porte le nom de l'abbé Mayeul. On devait descendre humblement les 41 marches de ce grand degré entrecoupé de paliers, en passant entre les deux tours Barabans, avant de franchir le portail de l'avant-nef. Les Barabans étaient conçus comme de véritables donjons, austères malgré la date avancée de leur édification dans le XIVe siècle. De simples baies en plein cintre dispensaient une lumière parcimonieuse dans les pièces qui abritaient, dans la tour nord, les archives (chartes, bulles et exemptions) et, dans la tour sud, la salle de justice et les prisons.
L'avant-nef fut édifiée en deux ou peut-être trois campagnes. Elle était conçue comme un immense vestibule utilisé pour les entrées solennelles. Son élévation à trois étages (quatre pour les deux travées les plus orientales) était composée de grandes arcades, d'un triforium et de fenêtres hautes. De style roman pour l'essentiel, elle arborait dans ses parties hautes les premières formes et structures gothiques que la Bourgogne du Sud adopta timidement au début

Double page suivante **Restitution romantique du palais dit « du pape Gélase »,** avec la porte Richelieu en place, lithographie d'Émile Sagot, XIXe siècle (collection particulière).

Avant-nef de Cluny 3, dessin de Jean-Baptiste Lallemand, XVIIIe siècle (Paris, Bibliothèque nationale de France).

Frise de l'avant-nef (Cluny, musée d'Art et d'Archéologie - musée Ochier).

du XIIIe siècle. Les voûtes, au profil très bombé, hautes de 25 mètres, étaient construites sur croisée d'arcs en plein cintre et épaulées par des arcs-boutants. Sa façade occidentale, ouverte au rez-de-chaussée par un portail polychrome dont le tympan était remplacé par un vitrail, était percée d'une somptueuse rosace de pierre de 10 mètres de diamètre qui dispensait la lumière du couchant dans l'avant-nef. La sculpture était très largement répartie sur les nombreux chapiteaux, dont la plastique, encore empreinte des dernières déclinaisons de style roman, répondait à ceux des grands piliers. Une délicate frise sculptée ornait la naissance du triforium juste au-dessus des arcades. Composée d'une suite de médaillons où alternent roses, animaux fabuleux et personnages, elle est en grande partie présentée dans une des salles du musée d'Art et d'Archéologie. Cette partie occidentale de l'église a été presque totalement détruite à partir de 1798 et englobée dans la ville. Des travaux entrepris à partir de 1988 ont permis d'en présenter les ruines, même si la totalité de son étendue n'a pas été dégagée. Une projection sur le sol du dessin des voûtes, accompagnée du dessin de la principale clé de voûte, où était sculpté l'Agneau pascal, permet une lecture plus facile de son plan.

Agneau pascal, clé de voûte de l'avant-nef (Cluny, musée d'Art et d'Archéologie - musée Ochier).

Hôtellerie de l'abbé Hugues 8

En quittant l'avant-nef par la porte latérale sud 6 et en longeant en contrebas le mur de soutènement de la place de l'abbaye, le visiteur découvre un vaste espace, autrefois entièrement fermé. Il est bordé à l'ouest par les volumes puissants de l'hôtellerie de l'abbé Hugues, construite à partir de 1095.

Hôtellerie de l'abbé Hugues : pignon sud et détail du lion ornant le fronton.

La face latérale de ce bâtiment, dont les percements ont été recomposés, abrita le dépôt d'étalons de Napoléon Ier. Il s'étendait au-delà de la voie qui le divisa en deux parties inégales. Desservie par des galeries latérales, la grande salle des hôtes du premier étage offrait un vaste volume d'une dizaine de mètres de hauteur sous une charpente apparente.

Au rez-de-chaussée, les écuries dites « de l'abbé Hugues », permettaient de loger les montures des visiteurs.
Outre la charpente romane, exceptionnelle, il faut signaler le pignon sud qui présente une composition magistrale et équilibrée dont le fronton est orné d'un lion.

Palais dit « du pape Gélase »[9]

Faisant face à l'imposante hôtellerie de l'abbé Hugues, le palais dit « du pape Gélase » offre une élévation raffinée. Seul le dernier étage, où se déploient deux claires-voies◆, date des années 1300-1330. Les deux premiers niveaux ont été totalement recomposés en 1873 par un architecte élève de Viollet-le-Duc, Charles-Jean Laisné, à partir d'un seul niveau ouvert sur la place par une suite d'arcades au profil brisé. Les baies à remplages de ces claires-voies sont rares à Cluny dans l'architecture civile ; elles ont par ailleurs une modénature◆ et une sculpture fines et expressives. Les masques qui ornent les retombées de leurs archivoltes présentent tout un ensemble de faciès caractéristiques de l'époque gothique.
La façade du palais avait été embellie par une porte de style Louis XIII dont la tradition attribue la commande à Richelieu. Celle-ci a été déposée au XIXe siècle lors des travaux de restauration pour retrouver l'unité de style de la façade. Elle est actuellement présentée sur le sol du cellier de l'abbaye.

Façade gothique du palais reconstruite au XIXe siècle.

Chapiteau provenant de la façade du palais (Paris, musée du Louvre).

◆***Claire-voie :*** *suite de plus de deux baies, séparées par de simples supports et composant un ensemble homogène.*

◆***Modénature :*** *effet obtenu par le choix des profils et des proportions des moulures.*

Porte Richelieu, restitution et dessin de J.-D. Salvèque.

Ci-contre et page de droite
Cloître classique,
vers 1750.

Cloître classique [10]

Le complexe monumental édifié à partir de 1750 comporte en son centre un grand cloître qui fut construit à l'emplacement presque exact du cloître roman. L'élévation de chacun des quatre côtés se définit à partir de onze arcades en plein cintre, ouvrant sur les galeries voûtées d'arêtes, et d'un étage, simplement percé d'une baie rectangulaire axée sur chaque arcade. Un puissant entablement mouluré couronne la composition et sert de support à un comble couvert de tuiles plates.
Son plan carré de 58 mètres de côté était occupé, pour sa moitié nord, par la seconde église abbatiale Cluny 2, et pour son autre moitié par le cloître roman.
Dans les années 1120-1130, ce cloître avait été étendu sur l'emplacement de la nef de Cluny 2, détruite après l'édification de Cluny 3.
La sculpture des chapiteaux du cloître de Pons était d'une extrême richesse comme l'attestent les fragments retrouvés sur le site : feuillages fouillés et nerveux, motifs géométriques variés…
Rehaussé de couleurs vives, ce cloître, dont les galeries et le jardin central constituaient le cadre de vie quotidien des moines, était un lieu de méditation mais aussi de vie communautaire intense.
L'austérité de l'architecture classique qui lui a succédé, empreinte de grandeur, témoigne de l'évolution de la conception du monde depuis l'époque médiévale.
Les galeries du cloître donnaient accès, comme il était de coutume, à l'église abbatiale : cette disposition héritée du Moyen Âge avait été reconduite dans le nouveau plan du XVIIIe siècle.
La galerie est desservait, en direction du nord, le grand transept ; la galerie nord menait au passage Galilée.

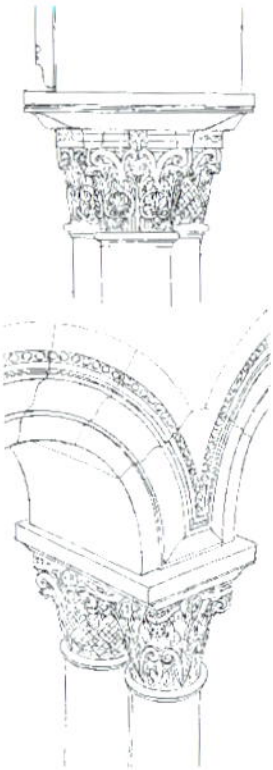

Chapiteaux du cloître de Pons, XIIe siècle, et dessin de Kenneth John Conant (Cluny, musée d'Art et d'Archéologie - musée Ochier).

Passage Galilée, menant à une porte latérale de la grande église.

Passage Galilée[11]

Le nom de Galilée provient de la dénomination du porche de Cluny 2, détruit lors des aménagements classiques : le passage qui reliait ce porche avec la nef de Cluny 3 avait été maintenu. Restauré dans sa présentation du début du XVIIe siècle, il est composé de quatre travées voûtées d'arêtes sur des arcs doubleaux en plein cintre, appareillés en petits claveaux de pierre layés◆ et piqués. Les murs qui le bordent à l'ouest et à l'est montrent des percements médiévaux.
La dernière travée, la plus au nord, s'appuie contre le mur gouttereau◆ du petit collatéral de la nef, percé de la porte Galilée. Cette travée, peu élevée, masque en partie le portail qui ne se découvre que lorsque l'on s'en approche.
On peut alors voir au-dessus des fûts des colonnes les deux chapiteaux romans qui sous-tendent l'archivolte.
La travée nord donne accès, vers l'est, à la cour de la Congrégation par un passage moderne.

◆*Layé :* *taille de pierre obtenue avec une laie, outil tranchant à percussion directe régulant la surface.*

◆*Mur gouttereau :* *mur extérieur sous les gouttières ou les chéneaux d'un versant de toit.*

Cour de la Congrégation

La cour est limitée, au nord, par l'élévation du mur gouttereau du petit collatéral et au sud, par celle de la chapelle de la Congrégation du XVIIIe siècle, qui remplaça la chapelle romane dite « de l'abbé ». C'est l'un des rares endroits de Cluny où la perception de l'édifice roman est quasiment parfaite, aucune ruine ne venant contrarier la lecture architecturale des volumes.

Cour de la Congrégation, mur du petit collatéral et croisillon sud du grand transept.

Les images de synthèse

À Cluny, la connaissance s'appuie aussi bien sur le savoir traditionnel que sur les techniques actuelles les plus élaborées.
En 1989, dans le cadre d'une émission télévisée sur le rôle de l'abbaye dans le développement du Saint Empire romain germanique, la chaîne allemande TV-ALL. Südwestfunk fit traduire en images de synthèse l'église de Cluny 3 disparue. Présentée à Cluny, cette mise en image donna lieu à un colloque, organisé avec le concours de la Caisse nationale des monuments historiques, où furent exposées et débattues les diverses expériences en ce domaine.

Simultanément, au sein de l'École nationale des arts et métiers de Cluny, un projet de fin d'études utilisa les mêmes techniques et proposa un projet en partenariat avec IBM. Afin de restituer les espaces architecturaux de la grande église, les élèves ingénieurs, tout comme l'équipe allemande, se fondèrent sur les relevés des plans de fouille et sur les dessins de Kenneth John Conant, ainsi que sur les mesures des éléments de surface relevées à la main, traduites en données informatiques. Les images obtenues furent montrées au public en 1992. Il est à souhaiter que cette nouvelle technologie utilisée à Cluny avec beaucoup de valeur démonstrative puisse s'appliquer à l'avenir à la recherche scientifique.

Vue axonométrique du chevet de Cluny 3,
image de synthèse IBM Artway.

Grand transept[12] de Cluny 3

Son élévation est couronnée par le clocher octogonal dit « de l'Eau bénite » : la savante répartition des arcatures aveugles et des baies ainsi que de sa riche décoration sculptée en font l'une des plus belles tours romanes. Il est coiffé d'une pyramide couverte en ardoise dont les pentes aiguës remontent à la fin du XVe siècle ; le coq et la croix fleurdelisée culminent à 65 mètres. La tour dite « de l'Horloge », implantée à proximité, présente un dernier étage du XVIIIe siècle, construit pour recevoir une horloge. Cette tour romane abrite un escalier à vis permettant d'accéder au grand clocher et une chapelle, éclairée par des baies rectangulaires, dédiée à l'archange Gabriel. Le programme architectural de l'église abbatiale, entièrement réalisé à l'époque romane, était tout à fait exceptionnel. Au fond de l'avant-nef, la façade de l'église évoquait les volumes de la nef principale et de ceux de ses doubles collatéraux. Laissée libre quelques années, cette façade était percée de trois portails dont le principal, monumental, était abondamment sculpté. L'effet de saillie du portail était renforcé par la vive polychromie de ses

sculptures : il se détachait comme une enluminure sur un de ces manuscrits dont le *scriptorium*◆ de l'abbaye avait la maîtrise. Les grandes portes franchies, on découvrait un vaisseau colossal dont la perspective de 125 mètres se fermait sur la colonnade et la demi-coupole de la grande abside. Celle-ci était ornée de peintures murales représentant le Christ en gloire et les symboles des quatre évangélistes sur un fond d'or. La figuration divine semblait portée par la lumière des onze fenêtres du sanctuaire et cette vision était renforcée au soleil levant.

Page de gauche
Grand transept,
XIe siècle.

Clocher de l'Eau bénite,
baie géminée,
XIIe siècle.

◆***Scriptorium :***
salle réservée à l'art de l'écriture et de l'enluminure.

En bas
Grande nef de Cluny,
gravure d'Auvrai d'après un dessin de Jean-Baptiste Lallemand, XVIIIe siècle (Paris, Bibliothèque nationale de France).

Aigle du tympan de Cluny 3
(Paris, musée du Louvre).

Ruines de Cluny 3, lithographie d'Émile Sagot, XIXe siècle (collection particulière).

La nef, dont les voûtes en cintre légèrement brisé culminaient à 30 mètres, s'étendait sur 75 mètres. Son élévation alliait puissance et élégance par le jeu subtil des supports verticaux étagés et des corniches très saillantes, qui soulignaient les trois étages. Les collatéraux, hauts respectivement de 17 et 10 mètres, ainsi que les deux transepts, aux croisillons très saillants, qui supportaient coupoles et clochers, offraient de nombreuses perspectives. Sur le côté est de ces croisillons s'ouvraient de nombreuses chapelles ou absidioles qui participaient à la composition générale du chevet.
La grande abside communiquait par sa gracieuse colonnade de

Déambulatoire de Cluny 3, dessin de Jean-Baptiste Lallemand, XVIIIe siècle (Paris, Bibliothèque nationale de France).

marbre avec le déambulatoire et ses cinq chapelles rayonnantes. Ses chapiteaux sont conservés et présentés dans le farinier. L'architecture romane clunisienne privilégie la lumière : les trois cent une fenêtres, astucieusement réparties grâce à l'étagement des volumes du chevet, des croisillons des transepts et des collatéraux, inondaient les volumes intérieurs. L'édifice a malheureusement presque totalement disparu. Seul subsiste le croisillon sud du grand transept dont l'élévation se dresse aujourd'hui au milieu d'autres parties plus ruinées. De la cour de la Congrégation, la porte du transept une fois franchie, les volumes intérieurs, par leur légèreté, créent un contraste saisissant avec l'extérieur. La coupole octogonale culmine à 31,50 mètres ; les grands arcs brisés qui la portent, posés sur les corbeilles des chapiteaux corinthiens, sont soutenus par des colonnes engagées qui s'élèvent sans interruption depuis le sol. Ces voutes, les plus hautes voûtes romanes du monde, échappent à toutes les caractéristiques énoncées habituellement pour définir l'architecture romane. Seules trois travées de ce transept ont été conservées, sur lesquelles s'ouvrent une absidiole romane au sud, consacrée à saint Étienne, et une chapelle gothique ruinée, construite à partir de 1330 par l'abbé Pierre de Chastelus et dédiée à saint Martial. Le croisillon a été isolé du vide, côté nord, par une maçonnerie médiocre élevée après les démolitions, délimitant un espace devenu la chapelle de l'école installée dans les bâtiments conventuels à partir de 1866. Le petit collatéral qui traversait le croisillon sud subsiste en partie : à l'ouest, une travée est conservée tandis qu'à l'est, les deux travées séparant les deux transepts sont ruinées. Celles-ci menaient au petit transept dont l'absidiole de la chapelle romane consacrée à saint Léger côtoie le portail de la chapelle de Jean de Bourbon.

Petit collatéral, dessin de Balthazar Hubert de Saint-Didier, début du XIXe siècle (collection particulière).

Chapiteau du grand transept, singes.

Chapelle de Jean de Bourbon[14]

Édifiée à partir de 1460 contre le mur est du petit transept, cette chapelle a remplacé une petite absidiole romane dédiée à saint Eutrope. L'abbé Jean de Bourbon qui la fit construire l'utilisa comme chapelle privée et funéraire.

Un petit oratoire attenant, muni d'une cheminée, lui permettait de suivre l'office divin confortablement installé à l'abri des regards.

Chapelle de Jean de Bourbon, l'abside *(en haut à gauche)*, un dais *(en haut à droite)*, le roi David *(ci-dessus)*, lithographie d'Émile Sagot, XIXe siècle (collection particulière) *(en bas)*.

◆***Piscine liturgique :*** *petit bassin encastré dans un mur, utilisé pour verser l'excédent d'eau et de vin d'une messe.*

La magnificence de son décor est encore perceptible malgré les mutilations subies pendant les guerres de Religion.
Elle est composée de deux travées droites et d'une abside à trois pans, voûtées sur croisée d'ogives. Bien que ses dimensions soient modestes (11,50 mètres de long pour 5 mètres de large), sa maçonnerie en pierre de taille est d'une remarquable qualité. Son programme iconographique présente l'Ancien et le Nouveau Testament. Quinze prophètes sculptés en consoles soutiennent des niches couronnées de dais et de pinacles. Celles-ci recevaient les statues grandeur nature des apôtres, de saint Jean-Baptiste et de la Vierge Marie.
Une piscine liturgique◆ complète l'aménagement. Les clés de voûte portent les armes de l'abbaye (les deux clés de saint Pierre et le glaive de saint Paul, les deux saints protecteurs de Cluny), de l'abbé, et de son évêché au Puy-en-Velay.
La totalité de ce décor sculpté était polychrome et doré, magnifié par la lumière colorée des vitraux et la richesse de l'autel et de son retable peint, complété par le tombeau et le gisant de son fondateur.
Cet écrin précieux est représentatif des conceptions esthétiques en vogue chez les puissants personnages du XVe siècle et tout particulièrement à la cour de Bourgogne.
Le style des prophètes des consoles peut être rapproché des meilleures productions des grands sculpteurs travaillant pour le duc de Bourgogne.

Bâtiments conventuels du XVIIIe siècle [15]

En se dirigeant depuis le chevet de la chapelle vers les jardins à l'est, on découvre les façades classiques des bâtiments conventuels. Celles-ci s'ordonnent en U autour d'un jardin dont les plates-bandes étaient autrefois plantées de buis et de pommiers en cordon. L'essentiel du décor est localisé sur l'avant-corps central et sur les deux façades des ailes en retour, couronnées d'un fronton triangulaire. La sculpture du fronton central, malheureusement bûchée◆, représentait les armes de l'abbaye encadrées de rocailles, de même facture que les agrafes◆ ornant les linteaux courbes des baies. Le rythme des fenêtres des autres façades, très régulier, serait monotone sans la modénature puissante des bandeaux et des corniches qui soulignent les niveaux.
L'effet décoratif le plus riche est obtenu par les garde-corps en fer forgé des balcons, peints et dorés, qui contribuent a ennoblir cette composition rigoureuse. Ils sont l'œuvre d'un ferronnier prodigieusement fécond, appelé frère Placide, de son vrai nom Jean Julien, et comptent parmi ses plus belles réalisations avec les rampes des escaliers monumentaux qui desservent le premier étage des bâtiments conventuels.
Le plan de ce premier étage s'ordonne autour des grandes

galeries, voûtées d'arêtes sur doubleaux, qui desservent de part et d'autre les chambres des moines. Un vaste vestibule central, donnant sur le parc par trois portes-fenêtres, s'ouvre sur un balcon ; cette disposition est reprise, avec plus de simplicité, sur les façades des ailes.
Le programme de cet ensemble classique est simple et fonctionnel pour les cellules des moines, mais d'une grande ampleur pour les circulations horizontales et verticales.
La composition s'inspire de l'architecture des bâtiments civils du pouvoir.

Bâtiments conventuels, façade sur le parc, XVIIIe siècle *(ci-dessus),* et rez-de-chaussée du pavillon central *(ci-contre).*

◆***Bûché :*** *détruit grossièrement.*

◆***Agrafe :*** *clé de voûte en saillie d'un motif sculpté.*

Agrafe de style rocaille.

Cellier,
voûtes gothiques.

Cellier et farinier[16]

Au sud-est du parc se dresse un bâtiment gothique de la fin du XIIIe siècle, l'un des rares édifices conservés de l'abbaye médiévale. Bien que réduit en longueur lors de la campagne de construction du XVIIIe siècle (actuellement 36 mètres sur 12), il constitue, associé à la tour du Moulin, avec laquelle il communique, un ensemble de grand intérêt. Son premier niveau, appelé cellier, en partie enterré, est divisé en deux nefs égales, dont les voûtes reposent sur une file de colonnes de section octogonale. L'architecture est sobre mais élégante : la proportion des volumes, l'élancement des colonnes et les profils des voûtes sur croisée d'arcs en plein cintre y contribuent pleinement. Le cellier était éclairé par des petites baies hautes, mais la plupart furent modifiées au XIXe siècle et agrandies. Un bras du bief dit « des Quatre Moulins » traversait la salle, elle-même desservie par deux grandes portes latérales.
Ces diverses dispositions confirment une utilisation liée au stockage du vin.
Le second niveau est couvert par une charpente en berceau, dont la structure en chevrons formant ferme◆ est caractéristique de l'art de la charpenterie gothique.
Elle est en chêne et n'a subi que quelques restaurations au début du XXe siècle, qui ont consisté en la pose d'un contreventement◆ au-dessus de son entrait◆ retroussé.
Cette intervention a été signée par les compagnons du devoir qui y ont déposé un crucifix et un chapelet accompagnés de l'inscription suivante :

◆Ferme :
ensemble des pièces d'une charpente assemblées dans un plan vertical et transversal à la longueur du toit.

◆Contre-ventement :
ensemble des pièces d'une charpente qui réunissent les fermes entre elles et les empêchent de se coucher les unes sur les autres.

◆Entrait :
pièce maîtresse horizontale d'une ferme.

Charpente du farinier, vers 1275.

« Un travail pénible et dangereux devient facile et agréable sous le regard de Dieu. » La salle est abondamment éclairée par des baies simples côté sud et par des baies doubles à coussièges◆ côté nord. Un conduit aménagé dans l'angle sud-est laisse penser que le grain y était stocké et déversé vers le moulin de la tour. L'utilisation de cette salle comme farinier reste hypothétique, mais l'absence de cheminées et de lambris sous la charpente ne permet pas d'envisager aisément un usage domestique. Depuis 1950, cette salle est utilisée comme lieu d'exposition. On peut y voir plusieurs maquettes exécutées par G. Latapie, grâce aux travaux de l'archéologue américain Kenneth John Conant, ainsi que celle réalisée par le Clunisois François Gueugnon, en 1855. Les huit chapiteaux du rond-point du chœur de Cluny 3, hauts de 80 centimètres, sont présentés chacun sur un tambour en marbre de la colonnade du chœur. Leur programme iconographique d'ensemble reste difficile à interpréter

Chœur de Cluny 3, maquette de G. Latapie, d'après Kenneth John Conant.

et leur datation est imprécise. Les principaux thèmes sont les saisons, le palestre◆, les quatre vents, les vertus théologales, les quatre arbres et les quatre fleuves du paradis, les huit tons du plain-chant◆. Certains chapiteaux représentent Adam et Ève, le sacrifice d'Abraham ou un décor à base de feuilles d'acanthe ou d'animaux fantastiques. Cet ensemble est accompagné d'une table d'autel en marbre provenant, elle aussi, de Cluny, et d'une urne dont la tradition dit qu'elle aurait contenu le cœur de saint Hugues.

◆***Coussiège :*** *petit banc de pierre placé dans l'embrasure d'une baie.*

◆***Palestre :*** *lieu où se pratique la lutte.*

◆***Plain-chant :*** *chant liturgique de l'église romaine, appelé aussi chant grégorien.*

Chapiteaux du chœur de Cluny, de gauche à droite, l'apiculteur, le tintinabulum, le 3e ton du plain-chant, les arbres du paradis (figuier et pommier), la charité.

Orientation bibliographique

Erlande-Brandenbourg (Alain),
L'Abbaye de Cluny,
Rennes, éditions Ouest-France, et Paris, CNMHS, 1993.

Garrigou Grandchamp (Pierre) *et al.*,
La Ville de Cluny et ses maisons (XIe-XVe siècles),
Paris, éditions Picard, 1997.

Le Gouvernement d'Hugues de Semur à Cluny, Actes du colloque scientifique international, Cluny, septembre 1988, Cluny, ville de Cluny et musée Ochier, 1990.

Iogna-Prat (Dominique)
« Cluny à la mort de saint Maïeul (994-998) »,
Bulletin de la Société de fouilles archéologiques et des monuments historiques de l'Yonne, t. 12, 1995.

Marguery-Melin (Bruno),
La Destruction de l'abbaye de Cluny 1789-1823,
Cluny, Centre d'études clunisiennes, 1985.

Maurice (Brigitte) et Salvèque (Jean-Denis),
Cluny III. La maior ecclesia,
Cluny, musée Ochier et Centre d'études clunisiennes, 1988.

Stratford (Neil),
« Les bâtiments de l'abbaye de Cluny à l'époque médiévale. État des questions »,
Bulletin monumental, t. 150, Paris, 1992, p. 383-411.

Vingtain (Dominique),
L'Abbaye de Cluny,
Paris, coéd. Éditions du patrimoine/CNRS Éditions, coll. « Patrimoine au présent », 1998.

CMN : Paris, Centre des monuments nationaux.
MP, AP : Paris, Médiathèque du patrimoine, Archives photographiques.

Légendes

Couverture

1re : le clocher de l'Eau bénite et, au premier plan, la tour des Fromages.
4e : chapiteau du chœur de Cluny 3 (la charité).
1er rabat : le palais dit « du pape Gélase », lithographie d'Émile Sagot, coll. part.
2e rabat : détail du manuscrit de Saint-Martin-des-Champs, Paris, BnF.

Visite, p. 38 : palais de Jacques d'Amboise, détail du décor d'albâtre.

Chronologie

De gauche à droite et de haut en bas :
• Politique et religion : monastère de Paray-le-Monial, CMN/René-Jacques ; détail du Coran, voir p. 19 ; le cardinal de Richelieu, voir p. 23.
• Histoire clunisienne : Gunzo relate sa vision à l'abbé Hugues (détail), voir p. 9 ; le cardinal de Bouillon, voir p. 23 ; le cardinal de La Rochefoucauld, voir p. 24.
• L'abbaye : consécration d'un autel de Cluny par Urbain II (détail), voir p. 11 ; charpente du farinier, voir p. 63 ; porte Richelieu, voir p. 51 ; rez-de-chaussée du pavillon central des bâtiments conventuels, voir p. 61 ; Kenneth John Conant, voir p. 30.
• Architecture religieuse : Avignon, palais des Papes, CMN/É. Revault ; Paris, abbaye du Val-de-Grâce, CMN/P. Lemaître ; Jumièges, église Saint-Pierre en ruine, CMN/C. Rose ; Vézelay, intérieur de la basilique, CMN/A. Lonchampt.

Crédits photographiques

Asb Baudat Bensheim : p. 12 ; BnF : 2e rabat, p. 5, 7, 9, 10-11, 19b, 47h, 57b, 59h ; Cluny, musée d'Art et d'Archéologie (musée Ochier) : p. 1c, 1b, 8, 14-15h, 14b, 23b, 24, 28b, 29, 30, 34h, 37h, 45hg, 45hd, 47c, 52bg, 52bd ; CMN/P. Berthé : p. 60b ; CMN/D. Bordes : 4e de couv., p. 38-41, 42h, 42bd, 42 bg, 46, 54h, 60hg, 60c, 62h, 62b, 63b ; CMN/P. Cadet : p. 17h, 58 ; CMN/René-Jacques : p. 17bd ; CMN/É. Revault : p. 20h ; CMN/M. Tulane : p. 20b ; DR : p. 22h ; Éditions Complexe : p. 25 ; Explorer/P. Wisocky : p. 51h ; Giraudon : p. 18h, 23hg, 23hd ; Hoa Qui : 1re de couv., p. 19h ; IBM/Artway : p. 55 ; Jean-Denis Salvèque, Centre d'études clunisiennes : p. 1h, 4, 6h, 13, 15b, 16h, 16b, 17bg, 21, 22b, 26-27, 31, 32-33, 34b, 35, 37b, 43, 45b, 48-50, 51b, 52h, 53, 54b, 56, 57h, 59c, 59b, 60hd, 61h, 61c, 61b, 63h ; Le Journal de Saône-et-Loire/L'Europe vue du ciel : p. 2-3 ; Michel Bouillot, Centre d'études clunisiennes : p. 44b ; MP, AP : p. 28h, 36, 47b, 63c ; RMN : p. 44h ; RMN/Chuzeville : p. 51c ; RMN/Lewandowski : p. 57c ; Ville de Souvigny : p. 6b.

Responsable de la collection
Alix Sallé
Coordination éditoriale
Chloé Demey
Iconographie
Alice Perrin
Correction
Françoise Dios
Infographie
Jean-Denis Salvèque et Jean-Philippe Guillerme
(4e de couv.)
Suivi de fabrication
Carine Merse
Conception graphique
Atalante/Paris
Réalisation graphique
encore/Paris
Photogravure
Quattro/Cuincy
Impression
Néo-Typo/Besançon

Dépôt légal : février 2001